Angelika Tzschoppe
Maggi, Nivea & Co …

ANGELIKA TZSCHOPPE 1945 in
Oberfranken geboren, lebt in Hollfeld in der
Fränkischen Schweiz. Sie ist verheiratet, hat
zwei Söhne und drei Enkelkinder.
Sie stöbert gerne auf Flohmärkten und
entdeckt dabei alte Werbeschilder, die in ihr
nostalgische Gefühle auslösen.
Wie kann es sein, dass sich diese „uralten"
Artikel, so lange auf dem Warenmarkt halten
konnten? Sie kommt diesen Geheimnissen auf
die Spur ...

Angelika Tzschoppe

Maggi, Nivea & Co …
schön dass es euch noch gibt …

Bibliografische Information der Deutschen Nationalbibliothek
Die Deutsche Nationalbilbliothek vezeichnet diese Publikation in der Deutschen Nationalbiografie, detaillierte biografische Daten sind im Internet über http://dnbdnb.dr abrufbar.

Herstellung und Verlag:
BoD – Books on Demand, Norderstedt

ISBN: 9783759704276

Inhalt

Vorwort

Unter den vielen Artikeln, die wir zum täglichen Leben brauchen, verschwinden manche nach kurzer Zeit wieder vom Markt und es gibt Artikel, die dem Zeitgeist trotzen. Sie bleiben einfach da, verändern kaum ihr Aussehen und haben Wiedererkennungswert. Wir nennen sie Markenartikel.

Besonders die ältere Generation freut sich darüber, ist sie doch mit ihnen aufgewachsen. In der schnelllebigen Zeit wecken sie nostalgische Gefühle und geben ein Gefühl der Geborgenheit.
Die Auswahl meiner neunzehn Markenartikel ist rein subjektiv. Es sind Artikel, die mir seit Kindheit vertraut sind und mich auch heute noch begleiten. Zu jedem Markenartikel gehören Entstehungsgeschichte, Werbung und persönliche Erinnerungen.
Für meine Texte habe ich im Internet und im Buch: „Marken des Jahrhunderts" von Dr. Florian Langenscheidt recherchiert.
Flohmärkte, Trödelläden, antike Kataloge, Werbeprospekte und nicht zuletzt meine Sammelleidenschaft haben für die Bebilderung gesorgt.

Maggi

Ja, es gibt sie noch, die braune Maggiflasche! 125-jähriges Jubiläum feierte die Firma Maggi im Jahr 2015. Maggi ist ein nach seinem Begründer, Julius Maggi, benanntes Schweizer Unternehmen der Lebensmittelindustrie.

Es ist bekannt für Instantsuppen, Brühwürfel, Fertiggerichte, Flüssigwürze, Fertigsoßen und „ Fix-und Frisch"-Produkte. Die bekanntesten Werbesprüche sind: „Etwas Warmes braucht der Mensch" und „das gewisse Tröpfchen Etwas."

1886 bringt Maggi die ersten kochfertigen Suppen aus Gemüsemehlen auf den Markt und erfindet„Maggis Suppenwürze". Diese erlangt Weltberühmtheit und ist universal verwendbar zum Abschmecken und Nachwürzen.

Im Internet lese ich dazu eine alte Werbung. Eine junge Braut hat Angst vor dem Kochen. Aber die Mutter tröstet: „Ach Elschen, beruhige dich. Das ist doch ganz einfach. Das Notwendige will ich dir schon beibringen und dann würzest du deinem Gemahl jeden Mittag die Gerichte mit diesem Fläschchen hier. Pass mal auf, was der für Augen machen wird. Täglich gibt er dir zwei Küsschen mehr dafür.

Es ist nämlich Maggis Suppen- und Speise-
würze.“

Im Jugendbuch „Zuckerbrot- und
Maggisuppe“, das von der Kindheit in den
50ern handelt, erinnert sich die 10jährige
Jutta:„Ingeleins Mutter gibt uns Maggisuppe
zum Trinken. Es ist keine richtige Suppe, nur
heißes Wasser mit ein paar Tropfen Maggi-
würze drin. Das reicht. Man wird fast
glücklich davon.“

Auch bei uns zu Hause durfte sie früher
nicht fehlen, die braune Maggiflasche. Für
Papa war die Suppe nur perfekt mit ein paar
Spritzer Maggi. Als einmal die Flasche leer
war und meine Mutter vergessen hatte eine
neue zu kaufen, konnte ich mit meinem
kleinen Maggifläschchen aus dem Kaufladen
Papas Suppe retten. Was für ein Glück! Aus
Dankbarkeit zahlte Papa mit einem echten
Geldstück.

Zum 100-jährigen Jubiläum bringt Maggi
den Charme der Nostalgie zurück mit einer
Auflage von „Großmutters Puppenküche“
einem „original gestalteten Kaufladen“, alten
Emailwerbeschildern, Küchengeräten und
Blechdosen.

Im Jahr 2011 war der Turm der Burg Kronberg wegen Sanierungsarbeiten eingerüstet. Maggi nutzte die Gunst der Stunde. Für drei Monate war die Burg als größte Maggiflasche der Welt verkleidet.

Maggi passt sich mit seinem Sortiment ständig den veränderten Verbraucherwünschen an und ist mit seinem Kochstudio (Beratung, Rezepte...) nahe an seinen Kunden.

An das Elschen muss ich oft denken, wenn ich beim Einkaufen schnell noch eine Fertigsoße mitnehme und auch an den Leitspruch von Julius Maggi: „Helfen und Dienen".

Danke Julius!

Maggi
Buchstaben
Maggi
Spaghetti
Bolognese
MAGIC ASIA
TEXICANA
SALSA
Würze
MAGGI's
WÜRZE
SUPPEN
MAGGI
BOUILLON
Maggi
Ravioli
IN PIKANTER S
- MIT FLEISCH IN DER
SEIT 1975
Maggi
zum
Würzen
van Suppen
und Bouillon

Dr. Oetker

97 % aller deutschen Hausfrauen kennen angeblich das Backpulver Backin von Dr. Oetker. 1891 übernahm August Oetker in Bielefeld eine Apotheke und machte in der Bäckerei seines Vaters Experimente zur Herstellung von Backpulver. Er erfand es nicht, verbesserte aber die Ideen von anderen Forschern.

Oetker zeigte sein Backpulver an und verkaufte es in Tütchen für 10 Pfennig, ausreichend für ein Pfund Mehl. Es wurde sofort ein Erfolg, wozu auch der Dr.-Titel auf dem Tütchen verhalf. Dazu gab er auch ein Backbuch heraus mit Rezepten mit Dr. Oetkers Backpulver.

1908 richtete er eine Werbeabteilung ein. In jedem Ort mit mehr als 3000 Einwohnern erschienen Annoncen in der Zeitúng. Als Logo wurde ein heller Kopf auf rotem Hintergrund verwendet: „Ein heller Kopf verwendet nur Doktor Oetkers Backpulver."

Bald folgten weitere Produkte: Puddingpulver, Speisestärke, Aromen, Vanillin Zucker, Backmischungen und vieles mehr. Mittlerweilenwächst Dr. Oetker stark im Ausland. Im Lebensmittelbereich kommen 70% des Umsatzes nicht aus Deutschland.

Ein wichtiges Produkt ist die Tiefkühlpizza.
2016 kauft Dr. Oetker den Tiefkühltorten-
hersteller Coppenrath & Wiese.

In einer Fernsehdokumentation erzählt
Barbara B. aus den Neuen Bundesländern, wie
sie und ihr kleiner Bruder in der Nachkriegs-
zeit gegen die Hungergefühle ankämpften. Sie
holten sich das mit bunten Fotos bebilderte Dr.
Oetker Kochbuch her, suchten sich köstliche
Desserts aus und erinnerten sich: Weißt du
noch, wie gut immer der Vanillepudding mit
der Himbeersoße geschmeckt hat? Hmmm!

Als Erwachsene klebte Barbara leere
Backpulvertütchen, die sie von ihrer Verwandt-
schaft bekam in ihr Kochbuch: „Das sah so
schön bunt aus und auf der Rückseite stand
immer ein Rezept aus dem Westen drauf.“

„Gibt es heute wieder Götterspeise von Dr.
Oetker?“, fragten wir früher am Sonntag.
Bekannt als erfrischende Speise für Sommer-
monate liebten alle Kinder den wackeligen
Pudding, den es mit Himbeer-, Kirsch-,
Waldmeister- oder Zitronengeschmack gab. Er
bestand aus Gelatine, Zucker, Aroma und
Farbstoff, wurde mit heißem Wasser zubereitet
und wurde im Kühlschrank fest.

Die Gelatinemasse wurde auch Wackelpeter genannt und hüpfte manchmal zur allgemeinen Belustigung vom Löffel.

Auch heute erfreut sich dieses Dessert bei Nachspeisenbuffets großer Beliebtheit, zum Beispiel in der Form eines grünen Dinosauriers oder Ähnlichem.

Dr.Oetker
Dr. Oetker's
Backpulver
Ristorante
PIZZA SALAME
Dr.Oetker's Fabrikate
Ein heller
Kopf
verwendet
nur
Oetker
Back-Pulver
VITALIS
VITALIS
Hefe
Dr.Oetker
Kuchen
Glasur
Milchreis
Original
Backin

Bahlsen

Der Klassiker aus dem Hause Bahlsen ist der Keks mit den 52 Zähnen – der Leibniz-Keks. Bereits 1892 verhalf er dem Unternehmen zu internationalem Durchbruch.

1889 lernte der Zuckerhändler Hermann Bahlsen in England die englischen „cakes" (Kuchen) kennen. Er gründete die Hannoversche Fabrik und erfand zwei Jahre später seine Cakes mit Buttergeschmack.

Er benannte ihn nach dem Philosophen Gottfried Wilhelm Leibniz. Leibniz suchte nach einem haltbaren Produkt zur Verpflegung von Soldaten.

Ab dem Jahr 1903 war auf jeder Packung das TET- Zeichen, einer ägyptischen Hieroglyphe nachempfunden – das Zeichen für Haltbarkeit. Somit war der Keks (aus cakes wurde Keks) das ideale Dauergebäck, nicht nur für Soldaten.

„Was isst die Menschheit unterwegs? Na, selbstverständlich Leibniz-Keks" (Werbeslogan von 1898). Damit gelangte das Wort Keks in den Duden: „kleines trockenes Dauergebäck".

Und über 100 Jahre später knabbert die
Menschheit noch immer. Schon Babys
können den Keks fest halten und ihre
Beißerchen dran erproben.

Ideal ist er auf Reisen und Ausflügen und
natürlich auch zu Hause. In den 50ern durfte
auf keinem Kindergeburtstag der sog. „Kalte
Hund" fehlen, die Kekstorte, bestehend aus
Schichten von Schokolade und Keksen.

Ins Kindererholungsheim schickten uns die
Eltern Trostpäckchen, die auch unter anderem
die beliebten Kekse enthielten. Während der
langweiligen Mittagspause, die wir im Bett
verbringen mussten, machten wir oft Wett-
spiele: Wer kann ganz langsam Zähnchen für
Zähnchen abknabbern? Schaffte niemand!
Wer kann einen Keks ganz schnell aufessen?
Schaffte jeder!

2015 hat Bahlsen 2 Milliarden Butterkekse
hergestellt – eine unvorstellbare Zahl!
Aber Bahlsen stellt auch noch viele andere
„ knusprig-zarte Köstlichkeiten" und „salzig-
würzige Dauerbackwaren" her, die weltweit
in achtzig Länder verschickt werden.

Bahlsen will neue Käuferschichten an-
sprechen, insbesondere die Single-Haushalte.
Aber der Leibniz-Keks bleibt die Nummer 1.

Als Kind durfte ich früher im Feinkost-
laden die Plätzchen für den Sonntag aus-
suchen. Aus acht blauen viereckigen Balzen-
kisten mit Glasdeckel konnte ich wählen:
Orangenplätzchen, Nusstaler, Schokoladen-
röllchen ...

Im Sommer entschied ich mich meist für
Eiswaffeln. Mit einer silbernen Zange wurden
die Plätzchen in ein Papiertütchen abgezählt.
Ein zerbrochenes gab`s gratis dazu.

Gerührt entdeckte ich sie kürzlich wieder
in einer alten Konditorei: die blauen
Bahlsen-kisten von früher, allerdings gefüllt
mit hausgemachtem Gebäck.

LEIBNIZ
BUTTERKEKS
Z-
KEKS
LEIBNIZ-KEKS
Bahlsen
LEIBNIZ
HANNOVER
LEIBNIZ
HANNOVER
LEIBNIZ
LEIBNIZ
CHOCO
LEIBNIZ
Bahlsen
AZORA
LEIBNIZ-CAKES
Cakes-Fabrik
H.BAHLSEN
HANNOVER
LEIBNIZ
Mini
Bahlsen-Dose
LEIBNIZ-
KEKS
LEIBNIZ-
KEKS
Bahlsen
Bahlsen

Nivea

Sie ist die berühmteste Dose der Welt! Jeder denkt sofort an die blaue Dose mit dem weißen Schriftzug „Nivea". Der Name kommt vom lateinischen Adjektiv niveus. Das heißt schneeweiß. Nivea heißt demnach die Schneeweiße.

1911 hat der Apotheker Dr. Oskar Toblowitz die Creme entwickelt und an Apotheken und Drogerien verkauft. Das Geheimnis der Creme war ihre besondere Zusammensetzung: Stabile Fett – und Feuchtigkeitscreme mit Euceringehalt. Das war ein Geniestreich.

Dabei war die erste Dose gar nicht blau, sondern hellgrün, geschmückt mit Jugendstilranken. Blau war die beliebte Dose erst seit 1925. Im Lauf von Jahrzehnten behielt sie ihr zeitloses Design. Es gab nur minimale Veränderungen, allerdings auch viele besondere Sammlerexemplare.

Neben der Nivea-Creme stellt das Haus Beiersdorf in Hamburg noch andere Produkte her: Seife, Puder, Sonnenschutz, Kinderpflegemittel. Außerdem werden 8 mal 4 Produkte, Pflaster, Labello-Pflegestifte und Tesafilm hergestellt. 1914 können Menschen fast überall auf der Welt Beiersdorf-Produkte kaufen.

Heute umfasst Nivea Reinigungs- und Pflege-Produkte für den ganzen Körper. 1930 warb Nivea mit Sonnenschutz: „sonst gibt`s statt Bräunung Sonnenbrand" und 1936: „Mit Nivea in Luft und Sonne".

In jedes Kindergesicht wurde in den 50er Jahren der weiße Nivea-klecks geschmiert und in jedem Urlaub war der blau-weiße Wasserball dabei.

„Wieso hast du so schöne Haut? Welche Creme verwendest du?" „Natürlich Nivea!" Das war nicht nur ein Werbespruch. Wissenschaftliche Tests ergaben: Die kostengünstige Nivea-Creme schnitt genauso gut ab wie sehr teuere Gesichtcremes.

Im Internet lese ich von einem Nivea-Dosensammler. Stefan N. ist „dosenkrank". Auf einem Flohmarkt kauft er vor Jahren eine 50Jahre alte Nivea-Dose für 5 DM. Seitdem ist er ständig auf der Suche nach neuen Schätzen. Mittlerweilen gibt es in seinem privaten Wohnzimmer-Museum etwa 900 Nivea-Artikel aus 40 Ländern. Darunter auch eine italienische Puderdose, die im Firmen-Archiv fehlte.

Die blaue Dose mit der weißen Schrift ist immer noch der Klassiker, den es in vielen Varianten gibt. Daneben gibt es hübsche Sammlerdosen. Von einer Dose mit Wintermotiv kann auch ich mich nicht trennen. Eine Zeit lang fülle ich die Creme immer nach. Inzwischen beherbergt sie andere Dinge. Ideal das kleine 10 g Minidöschen für die Handtasche, das wesentlich schneller wieder nachgefüllt werden kann.

Nass! Kalt! Jetzt
NIVEA
CREME
gegen spröde Haut!
NIVEA
NIVEA
Nivea-Creme
FÜR HAUS UND SPORT
NIVEA-CREME
NIVEA-CREME
Spielend bräunen
mit NIVEA
NIVEA
CREME
Die Zähne putze 2mal im Tag
NIVEA
KINDER-
SEIFE
NIVEA
NIVEA CREME or OIL
NIVEA

Erdal

Seit 1901 – die Nr.1 in Sachen Schuhpflege
Die kleine Mainzer Firma der Gebrüder
„Werner und Mertz" stellte ursprünglich
Fackeln und Lichter aus Wachs her. Durch die
Erfindung der elektrischen Glühbirne nahm
die Nachfrage an Wachslichtern ab. Man suchte
nach einer Alternative.

Auf einer Reise kam Adam eine Idee: „Wie
wär`s, wenn wir Stiffelwix mache deede?" Das
war die ideale Marktlücke: Die neuartige
Schuhpflege auf Wachs – und Ölbasis wurde
im Jahr 1900 auf den Markt gebracht. Aus
Erthal, das war der Name des Firmensitzes
(Erthalstraße) wurde der Firmenname Erdal.

In der berühmten runden Blechdose wurde
die Schuhcreme von Anfang an angeboten. Die
Verwendung des Märchensymbols Frosch-
könig auf der Dose erwies sich als geniale Idee.
Der Frosch ist nicht mehr vom Markennamen
Erdal zu trennen.

Eine zweite Produktionsstelle ist in Hallein/
Österreich. Ab 1986 werden dort auch
Haushaltsreiniger hergestellt.

Im Jahr 1903 war der Frosch auf der Erdal-
dose grün, 1919 wurde er rot, ab 1962 konnte
der rote Frosch lächeln und ab 1971 gibt es

den roten Frosch im vereinfachten, modernen Styling. Auch die Krone veränderte sich. Hatte sie früher fünf Zacken, hat sie jetzt nur noch drei.

Wie kam die Firma auf den Frosch? Die Haut schützt den Frosch vor Feuchtigkeit – so wie Erdal die Schuhe schützt.

Im Jahr 2001 feierte Erdal sein 100-jähriges Jubiläum. Ein 12 m hoher und 400 kg schwerer Erdalfrosch thronte auf dem Lagergebäude (Froschturm).

Die Geschichte von Erdal ist eng mit der Stadt Mainz verbunden. Der Frosch ist ein Industriedenkmal.

Nach wie vor gibt es die Dosencreme, in verbesserter Qualität mit Bienenwachs und vereinfachtem Schraubdeckel. Bereits1919 gab es auch Schuhcreme in der Tube.

Mittlerweile gibt es Schuhcreme von Erdal in allen Farben, als flüssige Selbstglanzpflege mit vorgetränktem Schuhschwamm, als Pflegelotion. ... Neuere Schuhpflegemittel riechen weniger streng, sind parfümiert und softer. Das Schuheputzen geht schnell und einfach. Oft genügt ein Druck auf die Spraydose. Pffft ...

In meiner Kindheit war das anders. Zu den Gerüchen meiner Kindheit gehört Erdal dazu. Am Samstagnachmittag standen die Schuhe der ganzen Familie in einer Reihe und wollten geputzt werden. Erst mit einem Lappen säubern, dann eincremen, meist mit einem Teil eines ausrangierten Unterhemdes, dann mit einer Bürste auf Hochglanz polieren. Wehe, man erwischte die schwarze Creme für die braunen Schuhe! Es dauerte seine Zeit, bis die Hände von Schuhcreme und Geruch wieder befreit waren.

Beliebt waren leere Erdal- Dosen. Mit Sand gefüllt konnte man sie prima zum Hupferhäuschenspiel gebrauchen und als Dosentelefon konnten sie ebenfalls verwendet werden. In meiner Schuhputzkiste hat sie einen Ehrenplatz: die goldene Jubiläumsdose mit dem roten Frosch und dem nostalgischem Hebelverschluss!

Für die Schuh-
und Fussboden-
Pflege
Erdal
blau
Frosch
Bio-Qualiät zum Wohlfühlen – seit 1986.

Sarotti

Der Sarotti-Mohr gehört zu den beliebtesten deutschen Werbefiguren. Bei 98 % der Bevölkerung löst er süße Erinnerungen aus.

Im Jahr 1852 eröffnete die Confiseur-Warenhandlung „Felix und Sarotti" in Berlin. Der Laden mit luxuriöser orientalischer Dekoration wird später in die Mohrenstraße verlegt. Das vermutet man als Grund für den Mohr als Markenzeichen. „Für den unverwechselbaren, intensiv schokoladigen Geschmack von Sarotti gibt es einen Grund: den Kakao. Sarotti wählt nur die besten Sorten aus und verarbeitet diese mit höchster Sorgfalt."

Im Jahr 1918 sind auf jeder Sarotti-Verpackung die drei Mohren mit Tabletts zu sehen und wenige Jahre später entwirft der Werbekünstler Gipkens das berühmte Markenzeichen, den „Sarotti-Mohr". Fortan erschien der kleine Mohr mit Kulleraugen, Turban, Pumphose und Schnabelschuhen und Fahne in vielen Variationen auf jeder Schokoladentafel. Er erschien auch auf Postkarten und Tassen, ja auch als Nippesfigur. Und das Sortiment wurde immer größer.

Als nach dem 2.Weltkrieg wieder Rohkakao
geliefert werden kann, wird der kleine Mohr
erneut zur beliebtesten Werbefigur und ein Star
im Werbefernsehen. Er führte mit Schokolade
Liebespaare zusammen und brachte die
Prinzessin zum Lachen:
„Ja, sie lacht. Hhmm! Wer gute Schokolade
liebt, freut sich, dass es Sarotti gibt!"

Überall bietet der Mohr mit Musik seine
Schokolade an: „Hier ein Stückchen, da ein
Stückchen"...oder „Vielen Dank ruft man im
Chor. Vielen Dank, Sarotti-Mohr!"

In den 70er Jahren stagnierte der Absatz und
die Firma Nestle (seit 1929 im Besitz von
Sarotti) ließ den Mohren zur Miniaturgröße
schrumpfen.

1998 trennte sich Nestle von Sarotti. Sarotti
wurde von Stollwerck übernommen und der
Sarotti-Mohr erlebte eine Renaissance mit
vielen Nostalgiebildern auf den Verpackungen.

2004 verpassten Marketing Experten der
Stollwerck AG den Produkten der Marke
Sarotti ein neues Logo. Das Aus für den
kleinen Mohren. Er war in die Kritik geraten:
Der Mohr verkörpere angeblich den rass-
istische „Stereotyp des dienstbaren Negers".
Aus dem Mohren wird ein „Sarotti Magier der
Sinne". Der kleine Magier hat goldene

Hautfarbe, läuft auf einer Mondsichel und wirft
Sterne in die Luft.

Das traditionelle Produkt erscheint zum
Leidwesen vieler Mohren-Fans im neuen
Design auf dem Markt. Zu dieser Zeit muss es
auch gewesen sein, als Sarotti einen Aufruf an
alle Sarotti-Mohr-Liebhaber startete. Jeder, der
für Sarotti etwas dichtete oder schrieb, bekam
ein kleines schokoladiges Danke.

Mein Gedicht habe ich nicht mehr, wohl
aber den kleinen Anhänger mit dem
fahneschwingenden Magier, den es zur
Schokolade gab.

Wer nicht so genau hinschaut, hält den
kleinen Magier auch weiterhin für den kleinen
Mohren. Und die jungen Leute haben den
kleinen Mohren nie gekannt. Aber die alten
Sarotti-fans trauern und trennen sich nicht von
alten Pralinenschachteln und Dosen und freuen
sich auf Jubiläumsausgaben, die manchmal mit
alten Motiven auf dem Markt erscheinen.

Ein beliebtes Spiel bei Kindergeburtstagen
in den 50ern war das Schokoladenessen.Eine
Tafel Schokolade, am liebsten die mit dem
Mohren, wird mit vielen Bögen Papier
verpackt und mit Bindfaden verschnürt. Wer
eine 6 würfelt, muss zuerst Mütze, Hand-
schuhe und Schal anziehen, bevor er mit

Messer und Gabel versuchen darf an die Schokolade zu kommen. Wenn der nächste Spieler eine 6 würfelt, ist Wechsel. Es ging immer sehr laut und lebhaft zu und meine Bitte, nicht das schöne Mohrenpapier zu zerschneiden, konnte dabei nicht erfüllt werden.

Sarotti
Kakao
Schokolade
Pralinen
Sarotti
Sarotti
MOKKA-
SCHOKOLADE

Haribo

Kaiser Wilhelm II soll angeblich behauptet haben, die Gummibärchen aus Bonn seien das Beste, was die Weimarer Republik hervorgebracht habe.

Im Jahr 1922 wurde das erste Gummibärchen geboren. Zwei Jahre vorher wurde die Firma HARIBO gegründet: Hans (Ha) Riegel (Ri) aus Bonn (Bo) war der Gründer. Diese Anfangssilben wurden zum Markennamen. Der Start war einfach: Hinterhofküche, ein Sack Zucker, ein Kupferkessel, eine Marmorplatte, ein Hocker, ein Herd, eine Walze...

1922 entstanden die sog." Tanzbären", die Vorläufer der Goldbären. Sie waren etwas größer, hatten aber das gleiche putzige Aussehen wie die heutigen.

Gummibärchen bestehen aus Zucker, Glukose, Gelatine, Zitronensäure und natürlichem Farbstoff. Die Masse wird erhitzt und später in eine Negativform gegossen und mit Bienenwachs auf Hochglanz gebracht. Daher kleben sie in der Tüte nicht zusammen.

1925 begann Haribo auch mit der Lakritzproduktion. Wie gut, dass der 23jährige Sohn von Hans Riegel 1946 aus der Kriegs-

gefangenschaft zurückkam und mit seinem
Bruder die Firma nach dem Tod des Vaters
weiterführen konnte. Wie gut, dass beide das
Rezept kannten!

Alt ist der Bekannte Werbespruch:
„HARIBO macht Kinder froh- (später ergänzt)
und Erwachsne ebenso.“

5 Pfennig kostete in meiner Kindheit eine
Lakritzschnecke. Am Kiosk am Bahnhof
konnte man sie vor einem halben Jahrhundert
einzeln erstehen. Sie lagen in einer großen
Pappschachtel. Jede Schicht war abgedeckt mit
weißem Seidenpapier. Um den Genuss zu
verlängern dröselten wir die Schnecke auf.

Jetzt entdecke ich die Lakritzschnecken
wieder im Supermarkt, in Beuteln abgepackt
und mit Haribo-Sprüchen in drei Sprachen.
„Kids and grown-ups love it so – the happy
world of haribo“ und „Haribo, c`est beau la
vie, pour les grands et les petits.“

Auch das Haribo-Konfekt (Lakritze mit
süßer Kokosmasse umhüllt) ist ein Knüller:
„Haribo-Konfekt – das schmeckt“.
Im Vergleich zu Schokolade haben Gummi-
bärchen nur wenig Kalorien und sind deshalb
bei den schlankheitsbewussten Damen sehr
beliebt.

Haribo ist heute der größte Hersteller von Fruchtgummi- und Lakritzartikeln weltweit. Designer entwerfen ständig neue Figuren: Früchte, Schlümpfe, Tiere, Hexen, Vampire ...

Am 31. Oktober 2016 ignorierte ich spätabends das heftige Klingeln an der Haustüre. Als ich am nächsten Tag die Post aus dem Briefkasten holen wollte, fand ich darin eine Tüte Haribo Vampire. So lasse ich mir Halloween gefallen. Danke an den edlen Spender!

Aber der Gummibär bleibt der Favorit! Die jährliche Produktion soll vier Mal um die Erde reichen. Die lange Werbepartnerschaft zwischen Haribo und Thomas Gottschalk steht im Guinness-Buch der Rekorde. Da wird sich Nachfolger Bully, ein Komiker, noch manches Späßchen ausdenken müssen.

ECHTE
Haribo
SALMIAK-
PASTILLEN
GES. GESCH.
Haribo
KIDS AND GROWN-UPS LOVE IT SO,
HARIBO
HARIBO
SAFT GOLDBÄREN
HARIBO
Das Original seit 1922
HARIBO
BÄREN
saftig lecker
LOSE MÄUSE
www.haribo.com
HARIBO D-53129 BONN

4711

Auf dem Flohmarkt, zwischen altem
Hausrat entdecke ich eine verstaubte Flasche
4711. 2 Euro will der Händler dafür. Ich
schraube den Verschluss auf und schnuppere.
Da ist er, der unverkennbare Duft von 4711.
All die Jahre haben ihm nichts ausgemacht.

Im Jahr 1794 wurden Kölns Häuser von der
französischen Armee durchnummeriert. Das
Haus von Kaufmann Mühlhens in der
Glockengasse bekam die Nummer 4711, die
1975 als Marke eingetragen wurde.

Zwei Jahre vorher hatte Mühlhens zu seiner
Hochzeit von einem Mönch, Franz Farina, ein
Rezept zur Herstellung eines heilenden
Wunderwassers (aqua mirabilis) geschenkt
bekommen. Mülhens errichtete in seinem Haus
eine Manufaktur und stellte das Wunderwasser
her.

Zunächst war aqua mirabilis, das später als
Kölnisch Wasser 4711 bekannt wurde, nicht als
Parfüm gedacht, sondern als innerlich
anzuwendendes Heilmittel.

Als Napoleon die Offenlegung aller pharma-
zeutischen Rezepte bestimmte, erklärte

Mülhens es als Duftwasser. Bis heute ist die Zusammenstellung von 4711, einem „unglaublich frischem Zitrusduft" geheim. Seit dem 18. Jahrhundert sehen Flakon (Molanusflasche) und und blau-goldenes Flaschenetikett gleich aus.

In wie vielen Handtaschen älterer Damen befindet sich wohl noch das Miniaturfläschchen 4711 mit dem rotem Drehverschluss? Jederzeit einsatzbereit! Wie viele Bewohnerinnen von Seniorenheimen benutzen es noch täglich?

Zu besonderen Anlässen durfte ich mir als Kind einen Tropfen hinters Ohr verreiben. Stand doch auch bei uns zu Hause der „Duftklassiker" in Mutters Wäscheschrank. Selbst mein geliebter brauner Stoffhund „Önne" der in diesem Schrank wohnte, um seinen weißen Bauch zu schonen, war mit diesem Duft behaftet.

Meine Liebe zu diesem Duft nahm zur Konfirmation allerdings ab. „Habt ihr auch so viel 4711 von Bekannten geschenkt bekommen?"
Meine Mutter schrieb in ihrem Tagebuch auch immer ihre Geburtstags- und Weihnachtsgeschenke auf. 4711 war immer dabei! (Geschenkkarton mit Seife)

Reklame in den 50ern: „Mein liebstes
Geschenk – Urecht in Qualität – 4711")

  Bewertungen aus dem Internet:
Ich kaufe 4711 für meine Mama (87 J.), die
liebt diesen Duft und es ist gut, dass es diesen
alten Duft noch im Original gibt.
Willi schreibt: Nach wie vor unerreicht
Carla: Sehr große Zufriedenheit

 2014 feiert 4711 den 222. Geburtstag und
bringt eine künstlerisch gestaltete limitierte
„Artist Edition" heraus (471 +1).

  Aber natürlich hat 4711 neben dem Original
auch neue Düfte kreiert: Aqua Colonia Lemon
+ Ginger – duftet nach Sommer und weckt
Etrinnerungen nach einem wunderschönen Tag
in der Natur …, Wunderwasser Elixir (für sie),
Wunderwasser Intense (für ihn) - beide in
blaugetönten Glasflaschen verschiedener
Form. z.B. Nouveau Cologne –
erschwinglicher Wohlfühlduft für heiße
Sommertage …, Blood Orange + Basil – neuer
touch, zitrisch ..

Neben den verschiedenen Düften gibt es
auch Hautcreme, Seife und Puder. 4711 gehört
zur Spitzengruppe der Duftanbieter und ist
weltweit in 150 Ländern präsent.

In der Kölner Glockengasse hat 4711 einen
Präsentationsraum. Etwa drei Liter 4711
fließen dort durch einen vergoldenden
Brunnen. Alle zwei Tage wird das Parfüm
ausgetauscht. Die Besucher können sich bei
öffentlichen Führungen damit erfrischen.

WUNDER WASSER
WUNDER WASSER
EAU DE COLOGNE
4711
ACQUA COLONIA
4711
Troika
PARFUM
ECHT KÖLNISCH WASSER
ORIGINAL EAU DE COLOGNE
No 4711.
Eau de Cologne & Parfümerie-Fabrik
"GLOCKENGASSE No 4711"
KÖLN a. RH./ COLOGNE
ECHT KÖLNISCH WASSER
No 4711.
4711
ACQUA COLONIA

Henkell Trocken

Leises Plopp-Geräusch oder lauter Knall? Ob Sektempfang bei Geburtstagen, Firmenjubiläen, Freundestreffen – kleine oder große Anlässe zum Feiern gibt es immer!

Schon seit 150 Jahren steht die Marke Henkell für „prickelnde Lebensfreude und höchsten Sektgenuss". Mit einem Henkell Trocken („So prickelnd kann trocken sein") macht man nichts verkehrt.

Henkell setzt sich für einen verantwortungsvollen Umgang mit Alkohol ein. Im Internet muss ich erst symbolisch eine Taste betätigen, dass ich schon über 16 Jahre alt bin, bevor ich die verschiedenen Sekte begutachten darf.

Im Jahr 1856 begann Adam Henkell mit der Sektproduktion. Aber erst unter dem Urenkel Otto Henkell I. wird 1894 die Marke „Henkell Trocken" in Deutschland zum Markensekt. Otto stellte nicht mehr verschiedene Sekte her, sondern nur einen einzigen Qualitätssekt, der überall in gleicher Aufmachung und im gleichen Geschmack erhältlich sein sollte.

Mit einem besonderen Verfahren konnte er die gleichbleibende Qualität garantieren. Die Bezeichnung „trocken" galt für herb dosierte Sekte.

Inzwischen hat Henkell aber sein Angebot vergrößert, z.B.: Henkell Blanc des Blancs (mit ausgeprägten Fruchtnoten), Henkell Rosee und Henkell Cuvee Brut (für jüngere Konsumenten). Die neueste Kreation aber ist Henkell Alkoholfrei („So prickelnd kann alkoholfrei sein").

Im März 2006 wurde Henkell für seine 150jährige Erfolgsgeschichte mit dem „Meininger – Award -Excellence in Wine and Spirit" ausgezeichnet. Die beliebte Marke Henkell Trocken gibt es auch als Pikkolo in der 0,2 l Flasche.

Kurz vor Schulanfang im September 1969 verabrede ich mich mit einer Freundin, die wie ich zum ersten Mal eine Schulklasse übernehmen wird. Im Kalender-Tagebuch ist vermerkt: „Treffpunkt Veste Kronach – Sekt am Brunnen". Der Henkell Pikkolo ist leider schon lauwarm. Beim Öffnen landet die Hälfte schäumend daneben. Der Rest versetzt uns aber trotzdem in Sektlaune und macht uns Mut für einen neuen Lebensabschnitt.

Wenn ich jetzt im Seniorenheim meine ehemalige Lehrerin besuche, begrüßt sie mich mit einem Henkell Pikkolo („das Henkelchen zum Festhalten").

Schade, dass es den Pikkolo nicht auf Rezept gibt, sagt eine Freundin, die den Pikkolo (nicht nur) für ihren niedrigen Blutdruck braucht.

HENKELL
TROCKEN
HENKELL
ROSÉ
HENKELL
HENKELL
TROCKEN
Feiner Sekt
DRY-SEC

Faber-Castell

Faber-Castell gilt als der größte Hersteller von Blei- und Farbstiften und produziert noch viele andere Artikel zum Schreiben, Zeichnen und kreativen Gestalten.

Der Bleistift müsste eigentlich Graphitstift heißen. Im Mittelalter hielt man das verwendete Material für Blei. Er ist das wirtschaftlichste Schreibgerät der Welt. Wie viele leere Kulihülsen wandern in den Müll, und wie lange kann man mit einem einzigen Bleistift schreiben! Noch dazu, wenn es sich um Marken-Stifte handelt, die nicht so schnell abbrechen.

Auf den Bleistift können wir nicht verzichten, auch wenn heutzutage nicht mehr so viel geschrieben wird. Einen Laptop kann man nicht immer bei sich haben, Papier und Stift aber schon.

Die Berufsbezeichnung „Bleystefftmacher" gab es bereits im 17. Jahrhundert. 1839 übernahm Lothar von Faber in Stein bei Nürnberg die Bleistiftfirma „A.W. Faber" in 4. Generation und ermöglichte die industrielle Herstellung der Stifte.

Die sechseckige Form der Stifte und die
Härtegradskala gehen auf Lothar von Faber
zurück. Im Jahr 1898 heiratete seine Enkelin
Ottilie den Grafen Alexander zu Castell-
Rüdenhausen. Durch diese Verbindung
entstand der Name Faber-Castell.

Ca. 2 Milliarden holzgefasster Stifte werden
pro Jahr hergestellt. Der typische grüne
Castello 9000 mit dem Motto der zwei
kämpfenden Ritter von 1905 ist immer noch
dabei. Er ist vermutlich der berühmteste
Bleistift der Welt.
In meiner Zeit als Grundschullehrerin wurde
der kantige Bleistift mit den Gumminoppen
ein Hit. Er verhindert in genialer Weise das
Abrutschen verschwitzter Kinderfinger beim
Schreiben.

Mein Vater war ein Liebhaber von schönen
und edlen Schreibgeräten. Außer Faber-Castell
hatte er auch Schreibgeräte anderer Marken,
z.B. Staedtler, Pelikan, Mont Blanc, Geha ...
Ab und zu erbte ich einen seiner Schätze, den
ich besonders in Ehren hielt.
Ich kann mich noch gut erinnern, welch
Glücksgefühl die erste Schachtel Buntstifte auf

mich ausübte. 12 Farben in einer Blechschachtel von Faber-Castell, ganz für mich allein. Was konnte man damit nicht alles malen! Alles, wovon man träumte! Die ganze Welt mit 12 Stiften! Ich war traurig, wenn ich einen Stift spitzen musste, wurde er ja immer ein Stückchen kürzer. Fasziniert betrachtete ich die dünnen Holzspiralen, die sich dabei vom Stift ablösten.

Auf dem Schreibtisch von meinem Vater stand eine Stiftspitzmaschine zum Drehen, die ich auch heute noch verwende. Weich und flaumig fällt der Spitzabfall in eine kleine Schublade, die von Zeit zu Zeit ausgeleert werden muss. Wenn meine Enkelkinder zu Besuch kommen und malen, wollen sie nur mit der Maschine ihre Stifte spitzen. „Das geht ja super! Und so schön spitz!" Mein Vater hätte sich darüber gefreut, dass seine alte Spitzmaschine noch so gut funktioniert.

2011 feierte das Unternehmen das 250-jährige Jubiläum.

2016 starb Anton-Wolfgang Graf von Faber-Castell (8. Generation) mit 74 Jahren. An seine Angestellten und an sich hatte er hohe Ansprüche gestellt. Für sein umweltbewusstes Verhalten bei der Bleistiftproduktion bekam er eine Auszeichnung.

Die Ausmalbücher für gestresste Erwachsene, die zur Zeit in Mode sind, haben allen Stifteherstellern einen neuen Aufschwung beschert.. Faber-Castell und Co haben sicher nichts dagegen.

Ich mache einen virtuellen Spaziergang durch das Schloss Faber-Castell in Stein, in dem die Firma ihren Sitz hat. Moderne Fertigungstechniken vereint mit wunderschönem Ambiente. Dieses Museum ist einen echten Besuch wert!

Persil

Ich kann mich noch gut erinnern, dass wir als Kinder im Sommer die weißen Bettlaken und Tischdecken mit der Gießkanne begießen mussten, die auf der Wiese ausgebreitet lagen. Sie sollten in der Sonne bleichen. Noch dazu mussten wir die Wäsche vor Nachbars Hühner und Gänsen verteidigen, die unter dem Zaun auf unsere Wiese gelangten. Vertraute meine Mutter dem Waschmittel Persil nicht?

Ich lese auf einer alten Persil-Packung: „selbsttätiges Waschmittel – einfache Anwendung, ohne Bleichen – ohne Reiben, blendend weiße Wäsche.

Als wir 1957 eine Waschmaschine bekamen, war endgültig Schluss mit Sonnenbleiche und auch die gute alte Kernseife hatte ausgedient. Persil gibt es schon seit 1907.

Im Namen Persil stecken zwei Silben: Per und sil. Per steht für Perborat (Natriumperborat als Bleichmittel) und Silikat steht für Natriumsilikat als Schmutzlöser.

Persil wurde rasch zum Markenprodukt. Jeder kennt den Werbespruch, den es seit 1913 gibt: „Persil bleibt Persil" und nicht ganz so alt: „Persil, da weiß man, was man hat".

Bei der älteren Generation unvergessen: Die
Werbetafeln und Plakate mit der weißen Dame
auf grünem Untergrund. 1925 erschien die
weiße Dame als Mutter von Zwillingen, beide
Mädchen mit weißen Kleidern, jedes hält ein
Päckchen Persil in der Hand. Vor einigen
Jahren gab es eine Neuauflage mit diesem
Motiv. Diese nostaligische Blechdose steht
bestimmt nicht nur in meinem Waschraum.

1956 wird der erste Werbespot im Fern-
sehen übertragen: Ein Ehepaar sitzt in einem
feinen Restaurant. Er bekleckert die Tisch-
decke, sie ist erzürnt. Doch der Ober bleibt
gelassen: „Dafür gibt`s doch - Gott sei Dank –
Persil, nicht wahr, gnäd`ge Frau?"

Neue Textilien verlangen nach veränderten
und verbesserten Waschmitteln. Ob Vollwasch-
mittel, Persil phosphatfrei, synthetisches
Waschmittel Persil 59, Persil Color für

Persil konnte alle Wäschestücke zufrieden-
stellen - und blieb trotzdem Persil!
Zum 100. Geburtstag im Jahr 2007 hieß der
Slogan: „100 Jahre Persil – Rein in die
Zukunft".

Eine Erinnerung aus dem Jahr 1977: Ich schrieb meine Weihnachtspost und freute mich, dass mein kleiner Sohn so zufrieden im Gang nebenan mit seinen Matchbox-Autos spielte. Als mir die Ruhe doch etwas verdächtig vorkam, ging ich nachsehen. Ich traute meinen Augen kaum. „Guck mal Mami, so viel Schnee!". Und Roman schob gerade ein Polizeiauto den Schneeberg hinauf. Der weiße Schneeberg bestand aus Persil! Ich hatte die offene Waschmittelpackung im Gang stehen lassen. Roman konnte nicht verstehen, weshalb seine Mutter plötzlich in Panik geriet. „Mach mal den Mund auf, lass mich riechen"... Wenn er das Waschmittel für Schnee oder Zucker gehalten hätte und davon probiert hätte … Auch das beste aller Waschmittel ist schließlich nicht zum Verzehr geeignet. Roman schüttelte den Kopf: „nix gegesst, nur gespielt". Bereitwillig half er mir, den Schneeberg wieder in die Waschmittel-schachtel zurück zu befördern.

Persil
Aber Tantchen
man wäscht doch
Persil
65 WÄSCHEN
Persil
XXL
NEU
Persil
UNIVERSAL
Persil
3.5 kg
Modernes
Waschmittel
Persil
Persil
Persil
Es ist wahr.
Persil
wäscht Wolle wunderbar.

Brandt

Zwieback heißt eigentlich „zweimal Gebackenes". Und davon gab es im Jahr 1912 schon etliche Sorten, aber der Bäckermeister Carl Brandt war noch nicht zufrieden. Er wollte hohe Qualität, industrielle Herstellung und einen günstigen Preis. Brandt entwickelte ein neues Rezept, erfand eine Zwieback-Schneidemaschine und entwickelte den Dreilagen-Frischhaltebeutel, um den Zwieback knusprig zu halten.

So eroberte der Markenzwieback die Welt. 100 Jahre später ist er noch genauso aktuell. Auf der Jubiläumsdose von 2012 lachen die Kindergesichter aus 4 verschiedenen Jahrzehnten: 1929, 1952, 1973 und 1983. Warum sie alle blond sind, mag Zufall sein. Dem Wirtschafts-wunderkind von 1952 wird eine große Ähnlichkeit mit dem jungen holländischen Prinz Wilhelm Alexander zugesprochen. Modell konnte er allerdings nicht gestanden haben, da er viel jünger ist.

Das Sortiment von Brandt Zwieback passte sich den Kundenwünschen an und wurde immer vielfältiger. So gibt es inzwischen

neben dem Original-Zwieback, der nach wie
vor der große Klassiker bleibt, Zwieback mit
Schokolade, mit Kokosflocken, die Zwieback-
Minis mit Erdbeer-joghurt ... und ganz aktuell
Zwieback mit Dinkel, Quinoa- oder Chia-
samen.

Wer als Erwachsener den einfachen Zwie-
back isst, hat oft Magen-Darmprobleme und ist
anfällig für Heilewelt-Kindheitserinnerungen.
Die Firma will dem Schonkost-Image den
Kampf ansagen: „Wir haben uns in die Ecke
drängen lassen, dass Zwieback dann gegessen
wird, wenn man krank ist.“

Kindererholungsheim1953: Ich bin
eingeteilt zum Tischdecken. Suppenteller und
Löffel liegen schon bereit. Auweia, doch nicht
schon wieder dünne Gemüsesuppe mit
Speckwürfelchen? Ein Blick in die Küche lässt
mich aufatmen: Dort stehen Kannen mit Milch
und Brandt Zwieback-Tüten. Juhu, gerettet!
Milch mit eingebrocktem Zwieback, das
mochten alle Kinder.

In meiner Kindheit hatten wir früher immer
Zwieback zu Hause, bevorzugt als Schonkost
bei Krankheiten. Hunger hatte ich da meist

nie, aber zu einem Zwieback ließ ich mich
doch überreden. Wenn dann wieder Butter und
Marmelade auf den Zwieback gestrichen
wurden, dann ging es einem schon wieder
besser. Bevor man abends einschlafen konnte,
mussten allerdings die pieksenden Krümel
vom Bettlaken beseitigt werden.

War das Brot überraschend alle – Zwieback
war immer im Haus und wurde auch sofort
wieder nachgekauft. Und so halte ich es noch
heute.

Lange Zeit gab es den Zwieback nur in der
Tüte, jetzt gibt es ihn in der wiederverschließ-
baren Faltschachtel, die den Zwieback vor
dem Zerbrechen schützt.

Eine Zwieback-Werbung sorgte im Internet
bei den Zwieback-Kunden für Meinungs-
verschiedenheiten. Da legt der Freund seinem
Freund ein Päckchen Schokoladen-Zwieback
auf den Autositz (Schwulenpärchen) und der
alleinerziehende Vater versorgt die kranke
kleine Tochter mit Zwieback ...Auch Brandt-
Zwiewback macht Zugestände an die Zeit!

Keine Angst liebe Leute, die Zwieback-Kinder werden weiterlächeln. Seit 2017 gibt es neue lächelnde Kinder und die sind nicht mehr alle blond und hellhäutig. Bei einer großen Casting-Aktion 2016 wurden dafür neue Kinder ausgewählt.

Das Original.
GEWINNER-KIND
2017
MARLINE
Brandt
1929
1952
1973
Der Markenzwieback

1983
Brandt

Langnese Eis

Vorgeschichte des Ur-eises von „Capri"

„Beim Spielen auf der Veranda lässt der elfjährige Frank Epperson ein Glas Limonade samt Rührstab draußen stehen. Es ist ein kalter Tag im Winter 1905 in San Franzisko. Als er morgens das Glas hereinholt, kann der Junge die gefrorene Masse an dem Stab herausziehen und sich das Eis am Stiel schmecken lassen. So hat er selbst die Geschichte später erzählt.

Gesichert ist, dass Epperson, inzwischen Limonadenfabrikant, sein „ Popsicle" (Eis am Stiel) 1923 patentieren lässt. Popsicle ist heute in den USA eine Eissorte des Konzerns Unilever. Dieser hat inzwischen Langnese übernommen, den Hersteller von „Capri"...

Das orangegelbe Lutschkissen macht froh. Denn jeder erkennt es. „Capri", das Ur-eis, ein halbes Glas Orangensaft am Stiel. Der fruchtige, nur leicht bittere Orangengeschmack, die merkwürdige Konsistenz. Wenn das Eis ganz kalt ist, klebt die Zunge dran. Beim Beißen schmerzen die Zähne, das Eis splittert. Aber nach ein paar Minuten wird es mürbe und lässt sich ganz leicht abbeißen. Dann droht es aber auch schon vom Stiel zu fallen (aus der Zeitschrift "Brigitte women").

Firmengeschichte von „Langnese“

Es ist ein heißer Sommer, als 1935 K.R. Seyferth das erste Eis am Stiel aus Dänemark nach Hamburg importiert. Die Leute sind begeistert. Das Eis wird ein großer Erfolg.

Der dänische Kaufmann Langnese verkauft 1935 seine Biscuit-Firma nach Hamburg an den Unternehmer K.R. Seyferth. Dieser macht eine Eisproduktionsgesellschaft daraus und nennt sie Langnese.

Das erste Logo von 1936 zeigt einen Jungen mit langer Nase (Langnese) und einem Eis in der Hand. Es schmeckt vorzüglich und kostet nur 10 Pfennig.

Langnese wird in Deutschland und weltweit zu einem führenden Eishersteller.
Es gibt viele Langnese-Klassiker, die noch heute oder schon wieder im Sortiment sind: Capri von 1959, Nogger von 1964, Vienetta von 1981, Magnum von 1988...

Von 1965 – 1998 war die rotweiß gestreifte Markise das Markenzeichen von Langnese. Danach wird es durch ein Herz ersetzt.

Wissenschaftliche Untersuchungen haben ergeben, dass beim Eisessen das Glückszentrum im Gehirn angeregt wird. Deshalb, die Eismarke mit Herz, die glücklich macht. Dabei ist das erste Eis am Stiel nicht unbedingt mit Glücksgefühlen verbunden. Tropft doch bei kleinen Kindern, trotz ständiger Aufforderung: „Du musst schneller schlecken!", das Eis auf Kleidung und Boden.

Jedes Mal im Kino freue ich mich auf die fröhlich-freche Langnese-Eiswerbung. Meine Freundin neben mir lacht laut los. „Kennst du die Werbung noch nicht?" „Klar kenn ich die, aber ich muss immer wieder lachen!"
Schluss-szene: Ein Mann mit Schnauzbart, bis auf den Kopf im Sand eingegraben, versucht vergeblich vom Cornetto-Eis zu lutschen, das jemand hämisch vor ihm in den Sand gesteckt hat.
Er erinnert mich an einen Bekannten. Vielleicht sollte ich dem einmal ein Cornetto spendieren.

Im Sommer 2015 feiert Langnese seinen
80. Geburtstag mit einer Aktion:
Auf jedem abgelecktem Eisstäbchen steht eine
Codenummer zum Eingeben im Internet.
„Gewonnen" steht auf meinem Stäbchen.
Der rote Cabrio Mini ist es zwar nicht, aber
der Song zum Runterladen:
        „Like ice in the sunshine"...
Der macht auch glücklich, selbst ohne Eis.

NOO
DOMINO
CAPRI
NUSS
Hobby
COCKTAIL
Eis am Stiel
Langnese

Rama & Co

Ende des 19. Jahrhunderts setzt der
französische Kaiser Napoleon III. einen Betrag
von 100.000 Gold-Franc als Belohnung aus für
den Erfinder einer preiswerten Alternative zu
Butter.

Der Gewinn geht an einen Franzosen, der
seine erfundene Creme, die aus tierischen
Zutaten besteht, Margarine nennt.
(**marga**ron = griechisch und heißt Perle,
Bezug auf schimmernde Oberfläche der Creme
glyce**rine** = französisch und ist die
Bezeichnung für Fettalkohol).

Bald entsteht eine Vielfalt von Margarine-
Namen und 1924 wird die Vermarktung aller
Margarinenamen unter der gemeinsamen
Bezeichnung „Rahma" beschlossen. Das h
wird später weggelassen. Die Assoziation zu
Rahm bleibt trotzdem bestehen: Rama, die
Buttergleiche. Rama besteht inzwischen aus
hochwertigen Pflanzenölen.

Der Markenname Rama wird 1901 ins
deutsche Markenregister eingetragen. Das
Rama-Mädchen wird als Werbefigur erfunden,
ursprünglich mit Tracht und Hut, später ziert

ein Mädchenkopf mit blonder Mähne den
Verpackungsdeckel des Rama-Bechers.

In den 50ern erreicht Rama eine neue
Qualität und wird mit den bekannten Slogans:
„Rama macht das Frühstück gut" und „Aber
bitte mit Rama!" beworben.

Neben der klassischen Rama gibt es auch
etliche fettärmere Variationen, z.B. flüssige
Rama, Rama Culinesse, Rama Balance, die
Rama zum perfektem Braten, die Rama mit
Butter ... Alle Rama-Produkte liefern wichtige
Nährstoffe für die ganze Familie.

In den 50er Jahren legte der Unternehmer
Fritz Homann (Fri-Homa) als erster seiner
Margarine kleine Spielzeugfiguren aus
weißem Plastik bei.

Hersteller von Haferflocken, Kaffee und
Tabak folgten seinem Beispiel. Besonders die
Margarine-Hersteller warben mit immer
schöneren Figuren um die Gunst der Kinder.

Zu jedem Pfund Margarine durften wir uns
ein Figürchen aussuchen. Die Auswahl war
groß: Tiere, Märchenfiguren,Fahrzeuge,
Häuschen... Gut, dass in unserem Haushalt mit

sechs Personen viel Margarine gebraucht
wurde. Zur Weihnachtszeit gab es sogar
Krippenfiguren und Christbaumanhänger. Wir
sammelten, tauschten, spielten, und waren
traurig, als diese Zugaben plötzlich eingestellt
wurden.

Ich habe noch alle Figuren von früher und
staune über die Vielfalt, die Sammler manch-
mal zur Weihnachtszeit im Fernsehen zeigen
und die es bei ebay zu ersteigern gibt. Da
kommen Nostalgiegefühle auf!

Die nette Bäckersfrau schenkte meiner
Mutter die leeren Rama-Kartons (10 Kilo für
20 mal 500 g-Würfel Rama) zum
Aufbewahren diverser Dinge. In einem solchen
Rama-Karton schlummern noch heute die
Kleider meiner Puppenkinder von früher.

Als ich als Jugendliche einmal von der
Schule heim trampte, nahm mich ein Marga-
rine-Händler der Firma „Homa Gold" in
seinem Lieferauto mit. und schenkte mir eine
Margarinedose als Spieluhr. Zog man am
Schnürchen, ertönte eine Stimme: „Ich bin die
neue HomaGold. Ich bin so frühlingsfrisch."

Mit dieser Dose hatte ich damals viel Spaß und
konnte Freunde und Bekannte immer wieder
verblüffen.

In einem Buch lese ich von einer Mutter, die
ihr Kind immer gefragt haben soll, was es
„aufs Brot drauf" haben will. In Ermangelung
von Wurst und Käse waren das Sonne, Wolken
oder Baum, die die Mutter mit Messer und
Margarine auf das Brot malte (Bernd Lutz
Lange: Magermilch und lange Strümpfe).

R schmeckt
vollendet
naturfein
RAMA
Rama
Culinesse
50 g mehr
Rama Qualität
nur für
kurze Zeit
Rama
Rama
FREIER EINTRITT
IN VIELEN FREIZEITPARKS
& ZOOS
Rama
Cremefine
zum Kochen
15% Fett
Rama
Cremefine
wie Crème fraîche
zu verwenden

Bärenmarke

1892 wurde in der Schweiz die Berner Alpen Milchgesellschaft gegründet: ein Unternehmen, das für die „Zubereitung von konservierter Milch und Milchprodukte" zuständig ist.

1912 kommt die Bärenmarke „Alpen-Milch" auf den Markt, die erste ungezuckerte Kondensmilch mit 10% Fettgehalt. Auf dem Etikett findet sich als Pate für die Marke der Bär wieder, das Wappentier des Kantons Bern. Die Bärenmutter, die auf der Dose abgebildet ist, füttert ihr Junges mit einer Flasche.

Ab 1941 wird die Bärenmarke in Mühldorf /Inn produziert. In den Wirtschaftswunderjahren erobert die Bärenmarke die Herzen der Kinder. Die Werbefigur des tapsigen Bären gibt es auf Plakaten und als Schaufensterdekoration: ein Bär schüttet einen Eimer voll Milch in eine große Milchkanne.

Ab 1960 gibt es den Bären als Spielzeug in Form eines großen Plüschbären. Und jeder kennt die Werbeslogans: „Nichts geht über Bärenmarke , Bärenmarke zum Kaffee" bzw. „Nichts geht über Bärenmarke, Bärenmarke – Qualität" oder „Bärenmarke gut und fein, muss in jeden Kaffee rein".

Und das war schon in der Nachkriegszeit so:
Wenn wir Kinder am Nachmittag unseren
Malzkaffee tranken , war die Bärendose dabei.
Im Kino freuten wir uns in den 50er Jahren,
wenn vor dem Hauptfilm der Werbefilm von
Bärenmarke gezeigt wurde. Mit der Milch-
kanne wandert der Bär über die Wiesen des
Allgäus, besucht im Milchladen Kinder und
Kunden und teilt Milch aus. Dazu singt eine
Stimme:

> Von den Bergen her
> kommt der kleine Bär,
> wo das Alphorn erklingt.
> Jeder freut sich sehr
> über unsern Bär,
> der die gute Bärenmarke bringt.

Das Angebot von Bärenmarke wird rasch
erweitert. Es gibt verschiedene Fettgehalts-
stufen und Verpackungsformen. (Dosen,
Kännchen und wiederverschließbare Glas-
flaschen) Zur Jahrtausendwende wird ein
Frischmilchsortiment eingeführt. Außerdem
gibt es ein neues Logo auf der Dose. Die
Bärenmutter hält ihr Junges in den Armen,
bzw. Pranken, ohne die Milchflasche.

2012 feiert Bärenmarke 100. Geburtstag und wird eine „BÄRühmtheit".

Ständig kommen neue Produkte hinzu, u.a. Milchschaum, Schlagsahne, Kakao, H-Milch, Vanillemilch … Ab 2017 gibt es Naturjoghurt in verschiedenen Größen und Fettstufen. Es gibt Tassen, T-shirts, Badetücher … Und natürlich viele Werbespots in der Fernseh-reklame: Der Bär kann zaubern, Kühe füttern, Kühe melken …

Als ich für meine Kinder meinen alten Kaufladen herrichte, finde ich jede Menge alter Schächtelchen und Einwickelpapiere. Leider keine Bärenmarke. Die Dose war früher aus Schokolade gewesen, mit Silberpapier umwickelt. Darauf das kleine Etikett. Ich forme aus Knete eine kleine Dose, umwickle sie mit Alufolie und schneide ein Mini-Etikett aus dem aktuellen Werbeheftchen heraus und klebe es darauf. Ein Kaufladen ohne Bärenmarke, das geht einfach nicht!

Retro-Woche bei Netto: Da finde ich wieder die Bärenmarke mit dem 1955-Design: Bärenmutter mit Flasche. Gerührt stelle ich eine Dose in meinen Einkaufswagen.

ALPEN·MILCH
BÄREN·MARKE
BÄREN MARKE
Die halbbar Alpenmilch
Die halbbar Alpenmilch
BÄREN MARKE
Die
Ergiebige 10
Aus Milch aus den Alpen und dem Alpenvorland
ALPENMILCH
Bären Marke

Knorr

In den 50ern steckte in jeder gelbenPackung von Knorr Haferflocken ein Bildchen vom Zwerg Wurzelputz. 58 Bilder konnte man sammeln und in ein Buch einkleben, in dem auch das Märchen dazu aufgeschrieben war: Wurzelputz- die Geschichte eines kleinen Zwerges. Wurzelputz ist zur Hochzeit von Pilzelinchen und Wichtelkönig Borst eingeladen. Auf der Reise zu ihnen erlebt der Zwerg viele Abenteuer. Am Schluss des Buches verabschiedet sich Wurzelputz mit dem Vers:

> Ihr müsst probieren,
> müsst entdecken,
> wie lecker Knorrgerichte schmecken!
> Diesen Rat zum guten Nutz
> gibt euch euer Wurzelputz.

Dazu preist er die Knorr-Erzeugnisse an:
Knorr Haferflocken
Knorr Hafermehl
Knorr Suppen und Suppenwürfel
Knorr Bratensoße
Knorr Eiernudeln

Zum Glück aßen wir Kinder Haferflocken

mit Milch und Zucker gerne. Zum Glück sammelten viele Kinder, mit denen man doppelte Bildchen tauschen konnte. Zum Glück sammelten Bekannte und Verwandte mit. Natürlich wollte man alle Bilder haben.

Die Firma Knorr ist ein Lebensmittelhersteller aus Heibronn, der heute zum Unilever-Konzern gehört: Herstellung von Suppen, Kochzutaten, Aromen und mittlerweile auch Tiefkühlkost.

Im Jahr 2013 feiert Knorr sein 175. Jubiläum und verschickt an gute Kunden ein „Knorr family-Magazin" mit firmenhistorischen Höhepunkten, verknüpft mit Ereignissen der Zeitgeschichte. Und natürlich mit leckeren Rezeptvorschlägen.

1838 gibt Heinrich Theodor Knorr die Gründung seines „Specerei-Warengeschäftes" bekannt. Sein Bestreben ist „jederman billigst und bestens zu bedienen". (Inserat im Heilbronner Intelligenzblatt) Der Erfolg seines Gemischtwarenladens motiviert ihn zur Entwicklung neuer Produkte. Er experimentiert mit gewürzten Mehlen und bietet sie gebrauchsfertig an. Sie sind der Vorläufer der heutigen Fertigsuppen.

Die beiden Söhne Knorrs bauen das
Unternehmen zur Suppenfabrik aus. 1882
kommt die „Patentsparsuppe Viktoria" auf den
Markt. Die Erbswurst, die 1889 hergestellt
wird und eigentlich eine Suppe ist, wird zum
Klassiker und ist heute noch erhältlich mit fast
unveränderter Rezeptur:
Erbswurst grün mit Räucherspeck, Erbswurst
gelb mit normalem Speck.

Sehr beliebt war in meiner Kindheit in vielen
Haushalten die Erbswurstsuppe an Samstagen.
Da war überall Putztag und nicht viel Zeit zum
Kochen. Lecker, wenn es dazu Wienerle und
Brötchen gab.

In jedem Kinderkaufladen baumelten sie an
kleinen Haken: Die Mini-Erbswürste von
Knorr.

Ob Trockensoßen, Suppen, Kräuter- und
Gewürzmischungen ... Knorr kreiert ständig
neue Variationen. Mit ein paar frischen Zutaten
gelingt im Handumdrehen ein gutes Essen.
Bewährt haben sich die Knorr Fix-Produkte.
An erster Stelle bei unseren Enkelkindern
Jasmin, Maximilian und Fabian:
Spaghetti-Bolognese.

Knorr
family
175 JAHRE
Knorr Fix NEU
Ofen-Schnitzel Caprese
Knorr Fix NEU
Ofen Cordon Bleu
Knorr
Knorr
KLARE FLEISCHSUPPE
Knorr
Soße zum Braten
C.H. Knorr
HAFER-MEHL
Knorr
Rindfleisch Suppe
Knorr's Suppen
Knorr's
HAFER-MEHL
vorzügliches
Kinder-
Nahrungsmittel
C.H. KNO
50
man nimmt
nicht irgendeine
mer wählt
die extrafeine
die Rindfleisch Suppe
von Knorr
Knorr
ZWIEBELN
NEU

Ahoj Brause

„Seit 1925 bringt Ahoj-Brause bunten Brause-Spaß für Jung und Alt".

Kaufmann Theodor Beltle experimentiert: zu Natron und Weinsäure gibt er Wasser – es entsteht Kohlensäure. Die Idee von einem „herrlich prickelfrischem Volksgetränk" ist geboren.

1925 gründet er mit seinem Schwager Robert Friedel die Robert Friedel GmbH „Frigeo" und bewirbt sein Getränk mit „Brauselimonadenpulver für alle Bevölkerungsschichten".

Die ersten Tütchen sind dreieckig und enthalten eine Tablette Natron und eine Tablette Weinsäure. Es gibt zwei Geschmacksrichtungen: Orange und Zitrone.

1930 gibt es das Brausepulver zusätzlich mit Himbeer- und Waldmeistergeschmack. 1932 wird „Friedel-Brause" in „Frigeo-Ahoj-Brause" umbenannt. Jetzt winkt auf viereckigen Tütchen der blaue Matrose mit seinem Ahoj-Brause-Fähnchen. (Ahoj ist tschechisch und bedeutet „hallo". Ahoj ist aber auch der klassische Seemannsgruß.)

Nach einem kurzen Stillstand durch den Krieg erlebt die Firma einen neuen Aufschwung. Das Sortiment wird ständig erweitert. (Brause als Würfel, Puffreis ...)

In den 50ern ist die Brause bereits dasKultgetränk bei Kindern und Jugendlichen („Wunderbar schmeckt Wasser mit Frigeo") 1965 hat die deutsche Himalaya-Expetition auch Ahoj-Brause-Tütchen im Gepäck. Das Unternehmen wächst und zieht 1952 in ein modernes Werk in Remshalden. 1975 feiert Brause 50-jähriges Jubiläum und bringt den Brause-Lolli auf den Markt. („prickelndes Lutschvergnügen").

Als mich mein erwachsener Sohn Carsten besucht, zeige ich ihm meine nostalgischen Tütchen, die ich mir vom Einkauf mitgebracht habe. Ich bin erstaunt und freue mich, dass er sie kennt. „Klar, kenn ich die! Mit denen peppen doch manche Partygänger ihre Getränke auf. Keine Angst, ich nicht".

Erstaunt lese ich im Internet: „Beim Wodka-Ahoj wird Brausepulver in den Mund gestreut und ein Schluck Wodka hinterher gegossen – Kopfschütteln, damit sich Brausepulver und Wodka vor dem Schlucken in der Mundhöhle vermischen".

Na, das ist sicher nicht im Sinne des
Erfinders Beltle! Auch nicht nachahmenswert:
Brausepulver aus dem Bauchnabel des Kinder-
mädchens zu schlecken, wie es im Film „Die
Blechtrommel" der Junge Oskar macht.

Da gefällt mit der Facebook-Eintrag schon
besser: „Echte Ahoj-fans stippen mit dem
Finger ins Tütchen für den ultimativen Brause-
kick". Hallo, ihr Facebookfreunde, das
machten wir auch schon vor 60 Jahren!

Als Kind liebte ich es, den Brausewürfel auf
der Zunge zergehen zu lassen und das Prickeln
zu genießen. Und beim Getränk halte ich mich
an den Hinweis auf dem Brausetütchen: „Den
Inhalt des Portionsbeutels in ein Glas mit 0,2
Liter frischem Trinkwasser schütten. Sofort
erhälst du eine erfrischende Ahoj-Kult-
Brause".

Da reihe ich mich gerne bei den Haupt-
konsumenten, den Kindern, ein. Auf seiner
webside lässt Frigeo im „Brause-Club" Kinder
und junge Fans über Brause-Erlebnisse
berichten.

Seit 2002 gehört das Unternehmen zur „Katjes Fassin GmbH" und entwickelt sich immer weiter.

2015 feiert Frigeo 90. Geburtstag. Es gibt ständig neuen Prickelspaß: Brauseperlen, -bärchen, -herzen,- riegel, Bonbons, bei denen das Pulver eingeschlossen ist ...Und bei den Brause-Bonbons schleicht sich die Cola-Variante ein.

2017 gibt es Ahoj-Brause Limo in der Dose. Mit dieser Neuerung kann ich mich aus Umweltgründen nicht anfreunden.

Beim Sonntagsausflug in meiner Kindheit fuhren wir manchmal mit dem Zug nach Bad Steben, einem kleinen Luftkurort in Oberfranken. Ich hatte immer einen ausziehbaren Bakelit- Becher im Lederetui dabei und mein Brausepulver (meistens meine Lieblingssorte Waldmeistergeschmack, 5 Pfennig das Tütchen im Tante Emma-Laden).So konnte ich dem Wasser aus der eisenhaltigen Heilquelle in Bad Steben einen besonderen Geschmack beimischen.

Frigeo
Ahoj-Brause
BRAUSE-PULVER
HIMBEER
ORANGE
WALDMEISTER
Frigeo
MACH WAS PRICKELNDES!
Trocken aufbewahren!
Ahoj-Brause
BRAUSE-PULVER
BRAUSE-BONBONS
Ahoj-Brause
BRAUSE-BROCKEN

PEZ

1927 stellt der Östereicher Eduard Haas, der III. aus gepresstem Zucker und Pfefferminzöl nach dem Rezept des Großvaters das PEZ-Bonbon her. Es soll stets für frischen Atem sorgen und eine gesunde Alternative zur Zigarette sein: „Frischmachertabletten, Kraftspender und Durstlöscher".

In einer kleinen Blechdose werden die kleinen Bonbons zum Verkauf angeboten. Drei Buchstaben aus dem Wort Pfefferminz geben dem Bonbon seinen Namen: PEZ. Die PEZ-Spende-Box aus Kunststoff, die 1949 erfunden wird, hat die Form eines Feuerzeugs. Mit einem Knipsmechanismus lässt sich immer ein Bonbon herausschieben. Ein ganzes Bonbonpäckchen findet in der blauen Box Platz.

Beworben wird PEZ mit dem Slogan: „Rauchen verboten- PEZen erlaubt". Die kleine Box passt in die kleinste Handtasche.

1956 kostet ein PEZ-Päckchen 5 Schilling, in Deutschland 10 Pfennig. Das Besondere an PEZ ist, dass man es auch nach Ladenschluss aus einem Automaten erwerben kann.

Die ersten Automaten werden in Wien aufgestellt. Darauf ist eine Dame in blauer Pagenuniform abgebildet, die PEZ-Bonbons anbietet. Eine Mitarbeiterin stand Modell. Ihr Konterfei wird auf 25.000 Automaten gedruckt. Die Automaten befinden sich oft in der Nähe von Zigarettenautomaten, sozusagen als Anti-Raucher-Produkt. Es gibt sie bis in die 80er Jahre.

Mittlerweile gibt es PEZ auch mit Zitronen- und Orangengeschmack. Aber der Klassiker bleibt Pfefferminz, der sich ab 1953 zum Verkaufsschlager entwickelt.

1962 bekommen die PEZ-Boxen die Köpfe von Tieren und Comikfiguren (Donald Duck, MickyMaus ...) und werden von den Kindern geliebt. Inzwischen gibt es ein großes Sammelsurium von PEZ-Box-Köpfen: Promifiguren, Kinohelden, Werbefiguren. Prinz William, Julius Caesar, Bugs Bunny, Charlie Braun, Papa Schlumpf ... Selbst der Nikolaus wird nicht ausgelassen.

Meine Enkel erklären mir geduldig ihre Schätze: Nemo, Yoda und Co. Ich kann mit ein paar Flohmarktfunden mithalten. Über 500 verschiedene Köpfe soll es geben und die Zahl wächst. Wer hätte es je für möglich gehalten, dass für diese Plastikköpfe ein Sammelmarkt entstehen könnte! Die ältesten Köpfe sind am meisten gefragt und haben astronomische Preise. Mir genügt ihr großer Auftritt im Internet.

2007 kauft PEZ die Bonbon-Marke Egger und erweitert das Sortiment: Fruchtgummibonbons, Plüschspender und Geschenkartikel.

Ab 2011 gibt es PEZ als zuckerfreies Minzbonbon und einen Action-Spender, der die Bonbons herauskatapultiert.

2012 gibt es eine silberfarbene Original-Box und das silberne Döschen für Nostalgiefans, aber nicht die blaue Box mit dem weißen Kipphebel aus Kindheitstagen.

PEZ-Bonbons gibt es nur noch in der Vorratspackung zu kaufen, mit und ohne Spenderbox. Auch in der Schultüte von meinem Enkel befinden sich die Bonbons, so wie vor 66 Jahren in meiner.

Vivil

1903 erfindet der Firmengründer August Müller (1875 – 1947) das Pfefferminzbonbon Vivil. Die Idee kommt ihm auf einem staubigen Exerzierplatz des Großherzogs von Baden.

Nach der Firmengründung in Straßburg beginnt der Siegeszug von Vivil um die ganze Welt. Schon in den 30er Jahren schweben aufblasbare Vivil-Stangen über Ferienorte und Fußballstadien. Der weiße Schriftzug auf grünem Grund ist Gütesiegel, aber auch Garant für Innovation.

Die Produktpalette wird immer länger: Kaubonbons, Traubenzucker, Vivil zuckerfrei (Geschmack bei 0% Zucker), Vivil mit Nährstoffergänzung für Spaß, Sport und Fitness. („Get the power") besondere Geschmacksrichtungen kommen dazu. Ein Drittel der Produktion geht ins Ausland. Vierzig bis Fünfzig Tonnen Süßigkeiten entstehen täglich in Offenburg.

Die Marke orientiert sich an modernen Maßstäben. Das Pfefferminzöl stammt von Plantagen in Oregon und sorgt für konstante Qualität.

Auch in meiner Kindheit spielten die kleinen grünen Päckchen mit der weißen Aufschrift und den viereckigen Bonbons eine wichtige Rolle. Hatte doch ein Vivil-Bonbon die perfekte Größe für ein Stück Seife im Badezimmer der Puppenstube.

Und wenn es in unserer Familie Ärger oder irgendwelche Probleme gab, hatten wir Kinder sofort den Werbespruch von Vivil parat: „Dann nimm Vivil und hol tief Luft".

Auch für Vivil gab es eine Spenderbox aus Kunststoff. Sie war grün und hatte einen weißen aufschiebbaren Rand. Bei keinem meiner vielen Flohmarktbesuchen konnte ich sie wieder entdecken.

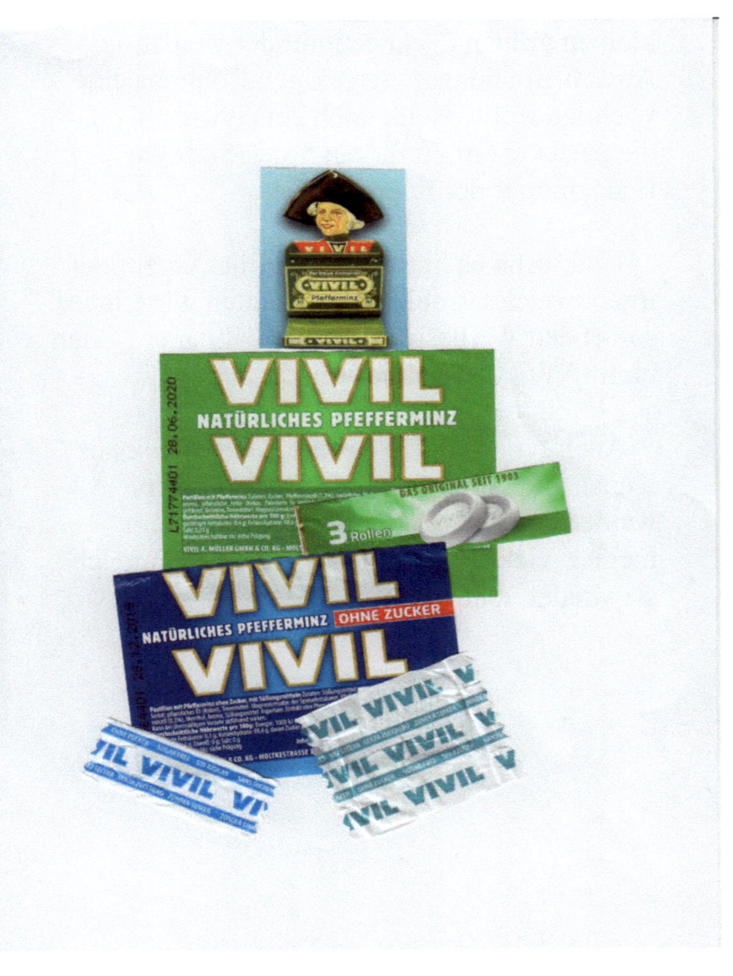

VIVIL
Pfefferminz
VIVIL
NATÜRLICHES PFEFFERMINZ
VIVIL
DAS ORIGINAL SEIT 1903
3 Rollen
VIVIL
NATÜRLICHES PFEFFERMINZ
OHNE ZUCKER
VIVIL
VIVIL
VIVIL
VIVIL
VIVIL

Slogans

Ahoj:
Mach was Prickelndes
*

Dr. Oetker:
Qualität ist das beste Rezept (Man nehme...)
*

Haribo:
Haribo macht Kinder froh und Erwachsne
ebenso
*

Henkell:
Lieber trocken trinken als trocken feiern
*

Bahlsen:
Knackfrisch – das muss ein Leibniz sein
*

Persil:
Da weiß man, was man hat
*

Rama:
Aber bitte mit Rama
*

Maggi:
Etwas Warmes braucht der Mensch

Nivea:
eine bessere gibt es nicht
*

Erdal:
die Nummer 1 in Sache Schuhpflege
*

Sarotti:
Hier ein Stückchen, da ein
Stückchen... Es lebe der Sarotti-Mohr!
*

4711:
durch Qualität die Weltmarke
*

Brandt:
da steckt das Gute drin
*

Bärenmarke:
Nichts geht über Bärenmarke, Bärenmarke
zum Kaffee
*

Knorr:
guter Geschmack und beste Qualität
*

Vivil:
Dann nimm Vivil und hol tief Luft
*

Nachwort

Was ist das Geheimnis dieser alten Marken?
Warum halten sie sich so lange?

- Bei manchen ist es sicher die Tradition, die über Generationen bewahrt wurde und mit viel Disziplin Durchhaltevermögen und harter Arbeit verbunden ist.
- Manchmal mag der geglückte Zusammenschluss mit einer anderen Firma oder einem Konzern der Grund sein.
- Oder es ist die Nähe zum Kunden und seinen Wünschen
- oder das Geschick Neues auszuprobieren und Bewährtes zu behalten.
- Und sicher gehört auch immer ein Quentchen Glück dazu, für jeden Wandel den richtigen Zeitpunkt zu finden.
- Nicht zu vergessen ist natürlich auch die Qualität, die ein Produkt zum Markenartikel werden lässt.

92

Wurzelputz

DIE GESCHICHTE
EINES KLEINEN
ZWERGES

NIVEA
Creme

95

96